En voz alta

¡Bienvenido, lector!

Piensa en todos los cuentos que leíste este año. ¿Qué personaje te gustó más?

En este libro hay más personajes interesantes. Además de conocer a niños, conocerás gallinas, osos glotones y sapos reales e imaginarios.

Ahora prepárate para leer y aprender muchas palabras nuevas.

Abre tu libro para ver ¡las maravillas que hay dentro!

HOUGHTON MIFFLIN
Lectura

Maravillas

Autores principales
Principal Authors
Dolores Beltrán
Gilbert G. García

Autores de consulta
Consulting Authors
J. David Cooper
John J. Pikulski
Sheila W. Valencia

Asesores
Consultants
Yanitzia Canetti
Claude N. Goldenberg
Concepción D. Guerra

HOUGHTON MIFFLIN
Lectura
Herencia y futuro

HOUGHTON MIFFLIN   BOSTON

Front cover and title page photography by Tony Scarpetta.

Front and back cover illustrations are from *Fireflies for Nathan,* by Shulamith Levey Oppenheim, illustrated by John Ward. Text copyright © 1994 by Shulamith Levey Oppenheim. Illustrations copyright © 1994 by John Ward. Reprinted by permission of HarperCollins Publishers. All rights reserved.

Acknowledgments begin on page 239.

Copyright © 2008 by Houghton Mifflin Company. All rights reserved.

Printed in the U.S.A.

ISBN-13: 978-0-618-85066-2
ISBN-10: 0-618-85066-X

3456789-VH-12 11 10 09 08 07 06

Grandes amigos 12

Biblioteca fonética:
Pobre Conejo Amistoso
Un equipo laborioso
Clase de cocina

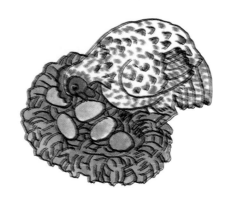

Biblioteca fonética:
La escandalosa jirafa
Querido perrito
Chocolate derretido

Superlibro

Cuando era pequeña como tú
por Jill Paton Walsh
ilustrado por
Stephen Lambert

¡Adelante!
Libros de práctica

Hormiguita y Paloma
adaptación de
Mindy Menschell

Amigas por correspondencia
por Kathryn E. Lewis

Tienda de mascotas
by Ryan Fadus

Libros del tema

Matías, pintor famoso
escrito e ilustrado
por Rocío Martínez

Mi mascota y yo
por Florencia Cazenave
ilustrado por
Adrián Borlasca
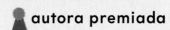 **autora premiada**

Internet

Para más información sobre
buenos libros, visita Education Place.

www.eduplace.com/kids

Education Place®

Cuentos folklóricos

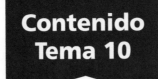

Contenido
Tema 10

¡Sí podemos!

Biblioteca fonética:
Hay que bañar a Inquieto
Mi hermana es increíble
Mascotas y más mascotas

Biblioteca fonética:
Muñeco de nieve
Viaje en carro
La función

relato
fantástico

Tomar pruebas

Escribir una narración personal . 224

Biblioteca fonética:
Refréscate
El mejor pastel
¡Qué difícil es elegir!

Recursos adicionales

Superlibro

Atrapar la luna
por Nina Crews
autora premiada

¡Adelante! Libros de práctica

¡Tú también puedes ayudar!
por Kathryn E. Lewis

Tormenta en la granja
por Iris Littleman

Viento y Sol
por Nicolas Thilo

Libros del tema

Doña Desastre
por Mabel Andreu y Mabel Piérola ilustrado por Mabel Piérola

Dos amigos
por Paz Rodero ilustrado por Jozef Wilkón

Internet

Para más información sobre buenos libros, visita Education Place.

www.eduplace.com/kids

Education Place®

Grandes amigos

En voz alta

Seremos amigas

¿Seremos amigas?
¡Claro que sí!
Tú para mí
y yo para ti.
¡Amigas!

por Gracia Martell

Cuando sea
mayor como tú
cuento de Angela Johnson
ilustraciones de David Soman

**Cuando sea
mayor como tú**

Estándares

Lectura

- Inflexiones/raíces de palabras
- Leer en voz alta/con fluidez
- Hacer predicciones

Escuchar/Hablar

- Leer en voz alta/con fluidez

Mi abuelito

En el próximo cuento, lee acerca de las cosas especiales que hacen un abuelo y su nieta.

Palabras
importantes

adiós	abuelito
cerca	sentada
saber	perrita
tristes	rodeada
viaje	

Oraciones de práctica

1. A mi abuelito le gusta caminar por la playa.
2. Le gusta bailar cuando no hay nadie cerca.
3. Está orgulloso de saber sobre peces y manzanas.
4. Cuando abuelito está de viaje, todos nos ponemos tristes.
5. A él le gusta ver a su perrita sentada a sus pies.
6. Nuestra casa está rodeada de flores.

Cuando sea mayor como tú

cuento de Angela Johnson
ilustraciones de David Soman

Estrategia clave

En voz alta Asegúrate al leer de que entiendes lo que ocurre en el cuento.

Cuando sea mayor como tú, abuelito,
me sentaré a tu lado en una mecedora
grande y hablaremos de todo.

Una perrita estará sentada a mis pies,
y pasaré la tarde espantando las moscas.

También iremos a pescar,
abuelito, a esa laguna rodeada de
piedras planas.

Podemos pescar a la orilla del
lago o salir en la vieja canoa.

20

Llevaremos comida en una cesta
y no pescaremos ni un solo pez...
...pero eso no importa, abuelito.

Cuando sea mayor como tú, abuelito,
jugaremos todo el día a las cartas bajo el
viejo árbol que está cerca del camino.

22

Tomaremos agua de una jarra y les
diremos adiós con la mano a los carros
que pasan.

Jugaremos a las cartas hasta que
las luciérnagas titilen en los árboles...

...y no nos importará saber quién
va ganando, abuelito.

Cuando sea mayor como tú, abuelito, abriremos ese viejo baúl de madera de cedro y nos probaremos toda la ropa vieja que tu abuelito te dejó.

Podemos mirar las fotos
viejas e imaginarnos a la gente
que aparece en ellas.
　　Tal vez nos haga llorar...
pero eso está bien.

Por las mañanas, abuelito, prepararemos
tocino y nada más para el desayuno.

También podremos comerlo en el porche.

Por la noche tostaremos maíz en
una gran fogata e invitaremos a comer a
todos los que conocemos. Ellos bailarán,
jugarán a las cartas y hablarán de todo.

33

Cuando sea mayor como tú, abuelito,
podemos hacer un viaje hasta el mar.

¿Alguna vez has visto el mar, abuelito?

Caminaremos sobre la arena caliente
y les tiraremos piedras a las olas.

Por la tarde llevaremos sombreros
amplios como todo el mundo...
...y luego nos sentaremos en el agua
cuando el día se haga fresco.

Al final de nuestro viaje, seguiremos
al mar tanto como podamos para nunca
olvidarlo.

Cuando sea mayor como tú, abuelito,
nos subiremos al tractor y cruzaremos los
campos de pasto.

Veremos los árboles a lo lejos y recordaremos cuando este campo era un bosque.

Pero no estaremos tristes.

Abuelito, cuando sea mayor
como tú, haremos largos paseos y
saludaremos a toda la gente que nos
pase por al lado.

Los conoceremos a todos,
abuelito, y ellos nos conocerán
a nosotros.

39

Al final del paseo, cuando estemos
cansados, abuelito, me sentaré en una
mecedora grande... a tu lado.

Conozcamos a la autora y al ilustrador

Angela Johnson empezó a escribir un diario a los nueve años de edad. Su consejo a los escritores es que anoten sus ideas para poder usarlas más adelante.

A **David Soman** siempre le ha encantado dibujar y pintar. Cuando era muy pequeño, le gustaba hacer garabatos. David Soman da clases de arte en la ciudad de Nueva York.

 **Internet**

Para saber más acerca de Angela Johnson y David Soman, visita Education Place.

www.eduplace.com/kids

**Cuando sea
mayor como tú**
cuento de Angela Johnson
ilustraciones de David Soman

Piensa en el cuento

1. ¿Por qué crees que la niña y su abuelo
pasan tanto tiempo juntos?

2. ¿Crees que la niña tendrá recuerdos felices
de su abuelito? ¿Por qué?

3. ¿Por qué es un amigo especial
el abuelito?

4. ¿Cuál de las cosas del cuento
te gustaría hacer con un amigo?
¿Por qué?

Internet

Publica una reseña

¿Qué te pareció este cuento? Publica
tu reseña en Education Place.

www.eduplace.com/kids

Lectura   **Responder a preguntas**

Escuchar y hablar

Hablemos

Trabaja con un compañero. Escojan una escena del cuento. Representen una conversación posible entre el abuelito y su nieta.

Matemáticas

Haz una encuesta

En grupo, hagan una encuesta sobre las actividades favoritas del cuento. Hagan una gráfica para mostrar cuántos votos obtuvo cada actividad.

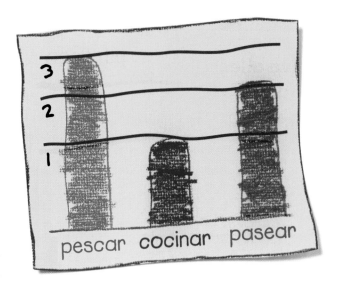

Expresar

Escribe un mensaje

Escribe un mensaje para un amigo especial. Cuéntale algo que puedan hacer juntos.

Consejos

- Piensa en las cosas que ambos disfrutan.
- Escribe con claridad.

Matemáticas   Comparar datos
Escritura   Seleccionar un enfoque

Inventos de ayer y de hoy

Bicicletas

Las bicicletas modernas se parecen a ésta.

En el pasado, no era tan cómodo montar en bicicleta. Algunos llamaban "sacudehuesos" a las primeras bicicletas.

Teléfonos

Éste es uno de los teléfonos que usamos hoy en día. Con ellos podemos llamar a gente en todo el mundo.

La primera llamada telefónica se hizo de un cuarto a otro dentro del mismo edificio. Algunos de los primeros teléfonos eran de madera y se colgaban de la pared.

Los relojes de hoy en día se parecen a éstos.

Antes de que se inventaran los relojes actuales, algunas personas usaban relojes de arena. La arena se demora una hora en pasar de un lado del reloj al otro.

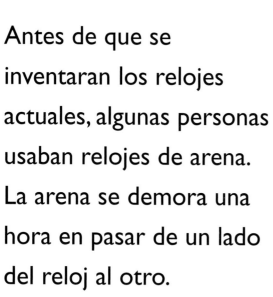

Aquí hay algunos inventos de hace muchos años. ¿En qué se diferencian de los que usamos hoy en día?

podadora

fonógrafo

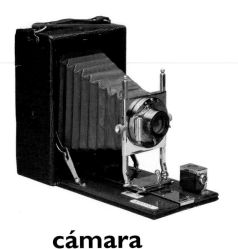

cámara

patines

En voz alta

Una carta amistosa

En una carta amistosa, le cuentas a un buen amigo lo que estás haciendo. Usa este modelo de escritura cuando escribas tu propia carta amistosa.

Una carta amistosa tiene **fecha** y **saludo.**

La parte principal de la carta es el **cuerpo.**

21 de abril de 2003

Querida Jennie:

Tú eres mi mejor amiga. Me caes bien porque me ayudas con mis tareas y juegas conmigo.

Jennie → ← yo

48

Escritura · Seleccionar un enfoque · Escribir con letra legible

Lo que más me gusta es cuando recogemos flores juntas. Siempre me alegra verte.

Tu amiga,
Marissa

Los **detalles** hacen que la carta cobre vida para el lector.

Una carta amistosa tiene una **despedida** y la **firma** de quien escribe.

Conozcamos a la autora

Marissa S.

Grado: primero

Estado: Delaware

Pasatiempos: leer, escribir, coleccionar anillos

Qué quiere ser cuando sea mayor: maestra de kindergarten

En voz alta

El amigo nuevo

por María Puncel
ilustrado por Ed Martinez

El amigo nuevo

Estándares

Lectura
- Inflexiones/raíces de palabras
- Elementos y estructura de un cuento

Estudios sociales
- Comunidades y diversidad

Una nueva familia

En el próximo cuento, vas a leer sobre un amigo nuevo que se muda al barrio.

Palabras importantes

alegre	amistoso
conoció	graciosa
dijo	hermosa
nosotros	
subir	

Oraciones de práctica

1. Mi nuevo vecino conoció a mis amigos.

2. Lo invitamos a jugar con nosotros.

3. Él nos dijo que estaba contento de haberse mudado.

4. Nos pareció un compañero de juegos muy alegre.

5. Su casa es hermosa y grande.

6. Tiene una perrita color café muy graciosa.

7. ¡Qué suerte que es un muchacho amistoso!

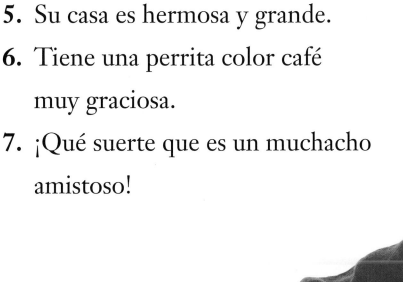

Conozcamos a la autora y al ilustrador

María Puncel escribió este cuento en español. Ella vive en España. Sus primeros cuentos se los contó a sus seis hermanos menores. Hoy en día escribe libros y programas para la tele.

EL AMIGO NUEVO

DE MARÍA PUNCEL
ILUSTRACIONES DE ULISES WENSELL

A **Ed Martinez** le parece emocionante pintar al aire libre. ¡Vive en el campo en una casa que tiene más de trescientos años!

Internet

Visita Education Place para saber más acerca de María Puncel y Ed Martinez.

www.eduplace.com/kids

52

El amigo nuevo

por María Puncel
ilustrado por Ed Martinez

Estrategia clave

En voz alta

Después de leer el cuento, piensa si la autora hizo un buen trabajo narrando el cuento.

Martín, Luis y yo vivíamos en la ciudad. Al lado, había una vieja casa. Nadie había vivido en ella desde hacía mucho tiempo.

Un día llegaron unos hombres con cubetas y brochas. Empezaron a pintar la casa.

55

Cuando terminaron y la pintura estaba seca la casa se veía linda y como nueva.

Al día siguiente, un camión grandote lleno de cajas y paquetes llegó a la casa. Unos señores sacaron las cajas del camión. ¡Una nueva familia iba a vivir en la casa!

Luis fue hasta la casa y conoció a un niño
llamado Makoto. Luego, todos lo conocimos.
Makoto tenía siete años, como nosotros.

Al poco tiempo vimos que Makoto jugaba al fútbol y que podía correr mucho. También era muy listo y amistoso: se aprendió todos nuestros nombres en un ratito.

Al poco tiempo la familia de Makoto se mudó a la casa. Conocimos a sus padres. Ellos estaban felices porque Makoto tenía amigos nuevos.

60

Los padres de Makoto fueron al supermercado y Makoto se quedó jugando con nosotros.

Cuando los padres de Makoto regresaron,
Martín, Makoto y yo los ayudamos a cargar
las bolsas.

Makoto nos enseñó su casa y después
nos invitó a subir para ver su cuarto.

A Makoto le quedaban muchas cosas por ordenar. ¡Tiene muchos juguetes! Nos dijo que un día sacaría sus cometas para hacerlas volar. Me prometió una cometa hermosa para volarla yo solito.

Luego, salimos y Makoto nos enseñó sus fotos de Japón. Estaban en un álbum verde.

En la primera página vimos la hermosa casa de Makoto en Japón. Después vimos a su familia. También vimos una foto graciosa de los amigos de Makoto. Celebraban su séptimo cumpleaños. Makoto nos dijo que ojalá pudiéramos conocer a sus viejos amigos.

Casi de noche los padres de Makoto nos dieron galletas por haberlos ayudado. Les dimos las gracias y nos las comimos toditas.

El padre de Makoto nos dijo que consiguió trabajo en la ciudad. Nos dijo que Makoto iría a nuestra escuela. Me sentí muy alegre.

Después nos despedimos y nos fuimos a casa.
Estábamos muy felices de tener un nuevo amigo.

El amigo nuevo

por María Puncel
ilustrado por Ed Martínez

Piensa en el cuento

1. ¿Cómo crees que se sintieron los niños por la mudanza de Makoto a su barrio?

2. ¿Cómo crees que se sentía Makoto por la mudanza?

3. ¿Crees que a Makoto le gustará su nueva casa? ¿Por qué?

4. ¿Qué harías tú para que un vecino nuevo se sienta bienvenido?

Internet

Construir un cuento

Visita Education Place para poner los sucesos del cuento en el orden en que ocurrieron.

www.eduplace.com/kids

Lectura
Estudios sociales
Identificar secuencia
Comunidades y diversidad

Mantenerse sano

Haz un libro acerca de cómo mantenerte sano. Escribe una oración en cada página y haz un dibujo que la acompañe.

· · · · · · · · · · · ·

Informar

Escribe una invitación

Piensa en algo que te gustaría hacer con un amigo. Luego envía la invitación a tu amigo.

Consejos

- **Comienza con un saludo.**
- **Di a tu amigo a qué lo estás invitando.**
- **Incluye la fecha, la hora y el lugar.**

Querido Makoto:
Te invito a una fiesta.

Escritura   Seleccionar un enfoque

73

Destreza: Cómo leer un poema

- **Lee** el poema en voz alta.

- **Escucha** el ritmo.

- **Vuelve a leer** y da palmadas para marcar el ritmo.

En voz alta

Estándares

Lectura
- Recontar ideas centrales

Escuchar y hablar
- Recitar poemas

74

La rueda

Vamos a jugar,

vamos a jugar

y una rueda grande

vamos a formar.

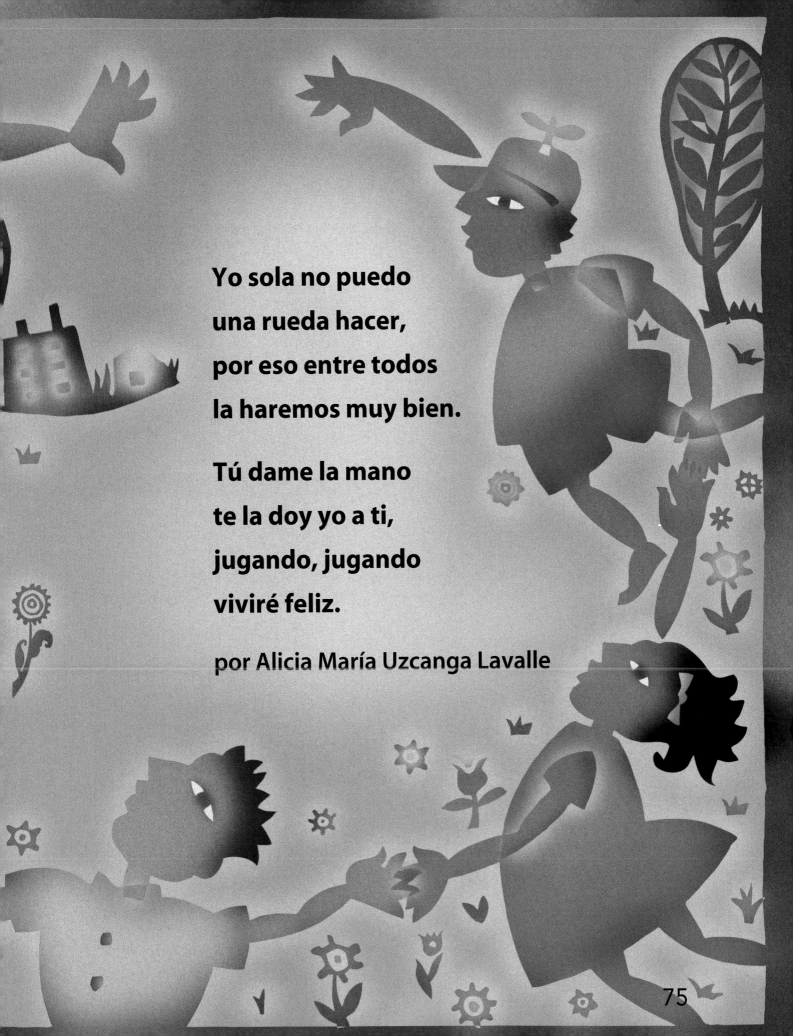

Yo sola no puedo
una rueda hacer,
por eso entre todos
la haremos muy bien.

Tú dame la mano
te la doy yo a ti,
jugando, jugando
viviré feliz.

por Alicia María Uzcanga Lavalle

Desarrollar conceptos

En voz alta

La familia
sorpresa
por Lynn Reiser

**La familia
sorpresa**

Estándares

Lectura

- Inflexiones/raíces de palabras
- Leer en voz alta/con fluidez
- Responder a preguntas
- Elementos y estructura de un cuento

Pichones

¿Qué pasa cuando una gallinita se convierte en madre de unos bebés distintos a los que esperaba?

Palabras importantes

agua   alegremente

demasiado   comido

encontró   cómodamente

enseñó   protegido

sorpresa

Oraciones de práctica

1. Un niño que caminaba junto a un río encontró una sorpresa.

2. Cerca de la orilla del agua había un nido.

3. Adentro había tres pajaritos demasiado pequeños para volar.

4. Uno de los pajaritos no estaba protegido y no había comido.

5. Tal vez su mamá no les enseñó a volar.

6. Alegremente, el niño recogió el nido.

7. Los pajaritos comieron semillas y durmieron cómodamente.

La familia sorpresa

por Lynn Reiser

En voz alta ¿Qué preguntas tienes sobre este cuento? Lee para encontrar las respuestas a tus preguntas.

Al principio había un huevo.

Un día, el huevo se rompió.

Un pollito se asomó.
No había nadie. ¿Dónde
estaba su mamá?

El pollito miró hacia arriba y vio a
un niño.

¡Su mamá era un niño!
El niño no era la mamá que el pollito
esperaba. Pero el pollito lo quería.

El pollito lo seguía a
todas partes.
El niño le enseñó a su
pollito a encontrar agua
y comida y arena para
su molleja.

Le enseñó a esconderse
dentro de su chaqueta
cuando pasara un
gavilán o cuando la
aspiradora se acercara
demasiado.

Todas las tardes, el niño y su pollito daban
un paseo por el parque alegremente.

Por la noche, el pollito dormía abrigado bajo
su colcha.

El pollito creció y creció hasta convertirse en una gallinita.

La gallinita todavía seguía al niño a todas partes, pero ahora le hacía falta algo más. Ella quería tener su propia familia.

La gallinita construyó un nido.

El niño encontró un puñado de huevos y
se los dio a la gallinita.

La gallinita se sentó a empollar los huevos,
y cada día los volteaba,

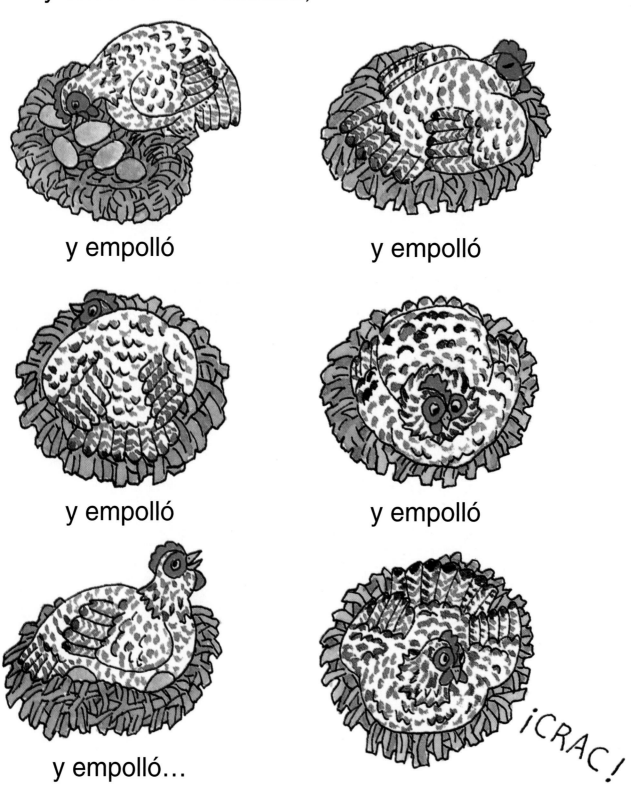

y empolló

y empolló

y empolló

y empolló

y empolló…

¡CRAC!

Los huevos se rompieron.
Los bebés se asomaron y vieron
a la gallinita.

La siguieron a todas partes.
Les enseñó a encontrar agua y comida
y arena para sus mollejas.

Les enseñó a correr a su lado y a esconderse bajo sus plumas cada vez que ella cantara y bailara la canción del peligro.

Todas las tardes, el niño, la gallinita y los bebés salían a pasear por el parque.

Por la noche, los bebés dormían cómodamente
abrigados bajo las alas de la gallinita.

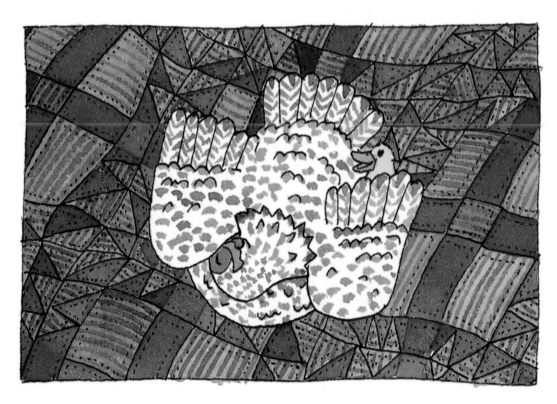

Los bebés crecieron. Ellos todavía
seguían a la gallinita a todas partes,
pero ahora les hacía falta algo más.
Ellos querían caminar junto a la laguna.

Un día después de haber comido, el niño
y la gallinita los llevaron a caminar junto a
la laguna.

Los bebés se pararon en la orilla.

Miraron el agua.

Tomaron un trago del agua.

¡Saltaron al agua!

La gallinita cantó a gritos la canción del
PELIGRO. Los bebés chapotearon.

La gallinita bailó la danza del PELIGRO.
Los bebés nadaron.

La gallinita abrió las alas para que
los bebés se escondieran debajo,
pero ellos seguían nadando,
alejándose cada vez más.

La gallinita corrió tras ellos, pero se detuvo cuando se le mojaron los pies.
Ella era una gallina.
Las gallinas no pueden nadar.

Los bebés de la gallinita se alejaron hasta que ya
no se veían. A la gallinita sólo le quedaba su niño.

Luego los bebés de la gallinita se dieron
la vuelta y nadaron hacia la orilla.
Salieron del agua, aletearon, sacudieron
las colas y corrieron hacia su mamá.

La gallinita acurrucó
a los bebés bajo sus alas.
Los miró. Estaban a salvo.

La gallinita los observó
con cuidado.

Sus picos no eran puntiagudos como el de ella. Tampoco eran suaves como la boca de su niño. Sus picos eran planos.

No tenían las patas afiladas como ella.
Tampoco eran duras como los zapatos de
su niño. Sus patas eran palmeadas.

Sus plumas no eran esponjosas como
las suyas. Tampoco eran peluditas como
la chaqueta de su niño. Sus plumas
eran impermeables.

Sus bebés no parecían pollitos ni niños.
Parecían patitos.

No eran el tipo de familia que ella esperaba.
Pero la gallinita quería a sus patitos.

Los patitos crecieron y crecieron y se convirtieron en patos.

Algunas tardes, mientras los patos nadaban en la laguna, el niño paseaba por el parque y la gallinita lo seguía.

Algunas tardes, mientras los patos nadaban en la laguna, la gallinita paseaba por el parque seguida por el niño.

Otras tardes, mientras los patos nadaban en la laguna, el niño caminaba por el agua junto a ellos y la gallinita los veía.

Pero todas las tardes, junto a la laguna
del parque, después de pasear, nadar
y caminar por el agua, se encontraban
todos juntos al fin, cada pato protegido
bajo la alas de la gallinita.

CUAC

108

Conozcamos a la autora e ilustradora

Lynn Reiser no sólo escribe libros para niños, sino que también es doctora y profesora. ¡Ella cree que todas las familias son familias sorpresas!

Internet

Averigua más acerca de Lynn Reiser en Education Place.

www.eduplace.com/kids

109

La familia sorpresa
por Lynn Reiser

Piensa en el cuento

1. ¿Por qué crees que el cuento se llama *La familia sorpresa*?

2. ¿Cómo crees que se siente la gallina cuando sus bebés se meten a nadar en la laguna?

3. ¿Le importa a la gallina cuando se da cuenta de que sus bebés no son como ella? ¿Por qué?

4. ¿Qué hubieras hecho tú si fueras el niño del cuento?

Internet

Sopa de palabras

Visita Education Place para buscar palabras e imprimir una sopa de palabras.

www.eduplace.com/kids

Observar

Palabras en las ilustraciones

Mira de nuevo el cuento. ¿Ves palabras en las ilustraciones? Busca otros libros que tengan palabras en las ilustraciones. Compártelos con el grupo.

Ciencias

Pollo y pato

Dibuja una gallina y un pato. Rotula las partes que son diferentes en cada animal. Comparte tu dibujo con la clase.

Escribe un artículo de periódico

Escribe un artículo acerca de lo que pasa en *La familia sorpresa.* Escribe oraciones que den datos e incluye un dibujo.

Consejos

- **Escribe un titular interesante.**

Noticias del día

¡Bebés de una gallina nadan.

Ciencias — Usar dibujos para describir
Escritura — Usar palabras descriptivas

111

Mira cómo crecen

por Linda Martin

1. Salir del cascarón

Un patito sale del huevo que puso su madre.

2. ¡Al agua!

Sólo dos días después, el patito se mete a nadar por primera vez. ¡Le encanta el agua!

3. Plumas nuevas

El patito ya no está tan redondo como antes.
Sus plumas de bebé se caen. En su lugar,
crecen nuevas plumas blancas.

4. Buenas alas

Este patito cumplió seis semanas.
Todas sus plumas son blancas y sus
alas son grandes y fuertes. Muy
pronto volará por
primera vez.

Huevos

Las crías de algunos animales nacen en huevos. ¿Crees que puedes adivinar qué animal va a salir de estos huevos? Busca a sus madres en la página siguiente.

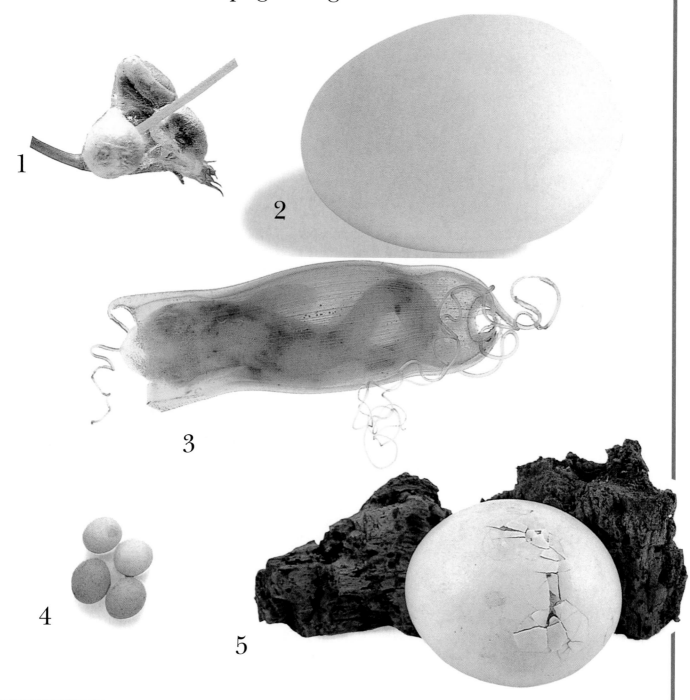

1

2

3

4

5

Araña

Búho

Pata

Pintarroja

Lagartija

✔ Escribir una respuesta a una pregunta

En muchas pruebas te piden que escribas una respuesta a una pregunta sobre algo que has leído. Las respuestas a estas preguntas necesitan una o dos oraciones. Aquí tienes un ejemplo para *La familia sorpresa*.

Consejos

- Lee con atención las instrucciones y la pregunta para que sepas lo que tienes que hacer. Piensa en la respuesta antes de empezar a escribir.

- Consulta todo el cuento si necesitas ayuda.

> En *La familia sorpresa*, la gallina y sus bebés no se parecen en varias cosas. ¿Cuáles son dos de las diferencias que hay entre la gallina y sus bebés?

Escritura
Lenguaje

Escribir con letra legible
Usar oraciones completas

Ahora mira esta respuesta correcta que escribió un estudiante.

La gallina tiene el pico puntiagudo, mientras que los bebés tienen el pico redondeado. La gallina tiene las patas afiladas mientras que los patos tienen las patas palmeadas.

La respuesta está bien. Nombra dos cosas que son diferentes en la gallina y sus bebés.

Sé que la gallina y sus bebés tenían picos diferentes. Tengo que consultar el cuento para fijarme en otra cosa.

Ahora sé dos cosas que son diferentes en la gallina y sus bebés. Voy a escribir la respuesta.

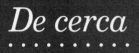

En voz alta

Cuentos folklóricos

¿Qué es un cuento folklórico?

- Un cuento folklórico es un cuento que los padres les han contado a sus hijos, quienes a su vez les contarán el mismo cuento a sus hijos, y así sucesivamente.

- A veces hay varios cuentos folklóricos sobre el mismo personaje, por ejemplo Coyote o Anansi.

- A veces los personajes de los cuentos folklóricos aprenden una lección.

Contenido

Agua
para la hermana Gallina

versión de Angela Shelf Medearis

Una tarde, Gallina bajó al arroyo en busca de agua fresca.

Gallina se puso a tomar agua y no se dio cuenta de que Cocodrilo se acercaba nadando hacia ella.

En voz muy alta, Cocodrilo dijo: —¡No
tomes agua de mi arroyo, o te comeré!

¡Ay, ay, ay! Gallina se alejó de Cocodrilo
tan rápido como pudo.

Pero Cocodrilo la siguió y la atrapó por la cola.

—Por favor, no me comas, hermano —dijo Gallina.

¡Ay, ay, ay! Cocodrilo abrió la boca de par en par cuando Gallina lo llamó "hermano". Gallina aprovechó la ocasión y sacó la cola. Luego, escapó corriendo y no dejó de correr hasta que estuvo segura y en su nido.

—¡Ay, ay, ay! —se quedó pensando Cocodrilo—. ¿Por qué Gallina me habrá llamado hermano?

Arrastrándose por la orilla fangosa se
zambulló en el arroyo. ¡Chupulún!

Cocodrilo no lograba entender por qué
Gallina lo había llamado "hermano". Él no
tenía pies como Gallina. Gallina no tenía
dientes como Cocodrilo.

Él todavía seguía pensando en el asunto,
cuando al día siguiente Gallina bajó de su nido
a beber agua refrescante del arroyo.

—¡Un momento! —dijo Cocodrilo,
arrastrándose hasta quedar junto a ella—.
Quiero hacerte una pregunta.

—Adelante —dijo Gallina. Esta vez no
estaba asustada.

—¿Por qué me llamaste tu hermano? Estuve pensando y pensando en el asunto, pero no logro entenderlo —dijo Cocodrilo—. Tú eres pequeña y yo soy grande. Tú eres negra y yo soy verde. ¿Cómo podría ser tu hermano?

—Porque yo vengo de un huevo y tú
también vienes de un huevo —dijo Gallina—.
Así que debemos ser familia.

—Gracias —dijo Cocodrilo—. En ese
caso, me imagino que después de todo no
podré comerte.

Entonces, Cocodrilo se arrastró hasta el
arroyo.

¡Chupulún!

¿Qué tiene Topo en su saco?

versión de Gretchen Will Mayo

Un día, Coyote estaba caminando.

—¡Allí está el túnel de Topo! —dijo Coyote.

Coyote se acercó a mirar.

Chirría, rasca, rasca. Topo estaba ocupado.

—¿Trabajando duro? —dijo Coyote.

—Así es —dijo Topo rascando un poco más.

Coyote encontró un árbol y se sentó a observar a Topo. "Soy tan listo. Puedo descansar en la sombra. Yo no tengo que trabajar duro", pensó Coyote.

Topo entraba y salía de su casa con un saco pequeño en su espalda.

—Topo, ¿por qué trabajas tanto? —preguntó Coyote. Estaba recostado en el árbol.

—Estoy limpiando —respondió Topo y siguió rascando un poco más.

Coyote se quedó mirando el saco de Topo.
"¿Por qué lleva un saco Topo? ¿Qué tendrá
adentro?", se preguntaba Coyote.

Coyote llamó a Topo y le dijo: —Seguro
que llevas algo bueno en ese saco, Topo.

—No —respondió Topo.

Coyote no le creyó. "Si yo tuviera algo bueno en un saco, lo guardaría sólo para mí. Apuesto a que Topo no quiere compartir", pensó Coyote.

—Topo, déjame ver qué hay en tu saco —pidió Coyote dulcemente.

—No —respondió Topo.

—Sólo una miradita —rogó Coyote—.
Sólo abriré el saco un poquito.

—No lo hagas —dijo Topo.

Coyote dio un salto y se acercó a Topo.

—Ya sé —dijo Coyote—. Quieres que el
saco sea para ti solo.

—No —dijo Topo.

—Bueno, pues yo soy más grande —le
gritó Coyote a Topo—. Ya que no me dejas
mirar, me llevaré el saco para mí solo.

Y así lo hizo. Coyote agarró el saco y
corrió camino abajo. Sonriendo, se escondió
detrás de una roca. Después, abrió el saco.

—¡Ayyyy, no! —gritó Coyote.

¡Zit-zit-zit-zit! Muchas pulgas salieron
brincando del saco y saltaron encima de Coyote.

—¡Váyanse! ¡Váyanse! —gritaba Coyote.

Se dio muchas palmadas. Saltó. Se revolcó en
la tierra. Pero las pulgas no soltaban a Coyote.
Estaban fascinadas con las orejas y el lomo de
Coyote. Estaban encantadas con este Coyote
tan grande.

Coyote regresó al túnel de Topo.

—Topo —gritó—. Toma tus pulgas. No las quiero.

Pero Topo escapó corriendo, se metió en su guarida y no quiso salir.

Ahora Coyote no puede descansar en la sombra. ¡Rasca! ¡Rasca! ¡Rasca! Coyote está ocupado todo el tiempo. Rascarse las pulgas es un trabajo duro.

Escribe un cuento folklórico

¿Te gustaría escribir tu propio cuento folklórico? A continuación tienes algunos pasos que puedes seguir:

1. Piensa en personajes interesantes para tu cuento folklórico.

2. Decide si uno de los personajes va a aprender una lección.

3. Planea el orden de los sucesos.

4. Piensa en añadir diálogo o un giro gracioso al final de tu cuento folklórico.

Organiza un festival de cuentos folklóricos con tu clase. Cada uno puede leer en voz alta su cuento folklórico.

Lectura — Estructura/Elementos del cuento
Escritura — Escribir narraciones breves

Otros cuentos folklóricos para leer

Agua, agua, agua

por Pat Mora (Harper Déjame Leer)

Una adaptación simple de una fábula de Esopo.

La cinturita de Anansi

por Len Cabral (Harper Déjame Leer)

Este relato africano explica por qué las arañas tienen ocho patas.

La Cucaracha Martina: Un cuento folklórico del Caribe

por Daniel Moretón (Turtle Books)

Acompaña a Martina y a sus amigos en sus aventuras.

Algo de nada

por Phoebe Gilman (Scholastic)

Un niño aprende que siempre se puede obtener algo de nada.

¡Sí podemos!

En voz alta

¡Sí se puede!

Yo puedo realizar
mis sueños
siendo un buen estudiante
y haciendo siempre
  mi trabajo
con amor,
con orgullo
y con gusto,
porque sé que
¡sí se puede!

**de la canción de
José-Luis Orozco**

Dos osos glotones
Adaptación de un cuento folklórico húngaro
por Mirra Ginsburg
ilustraciones de Jose Aruego y Ariane Dewey

Dos osos glotones

Estándares

Lectura

- Inflexiones/raíces de palabras
- Leer en voz alta/con fluidez
- Hacer predicciones

Ositos sedientos

Lee el próximo cuento para enterarte de lo que les sucede a dos ositos que quieren el mismo pedazo de queso. Cuando aparece una zorra astuta, los osos aprenden una lección.

Palabras importantes

ambos	impacientes
buen	imposible
pequeño	increíble
quedar	inquietos

Oraciones de práctica

1. Un oso pequeño camina por la orilla del río.

2. Su hermanito no se quiere quedar atrás.

3. Ambos tienen un hambre increíble.

4. Con un salmón grande pueden hacer un buen almuerzo.

5. Creen que es imposible atrapar a un pez tan veloz.

6. Son unos ositos hambrientos y muy impacientes.

7. Como son tan inquietos, tendrán que irse a casa sin su almuerzo.

Conozcamos a la autora

Desde pequeña, **Mirra Ginsburg** aprendió de sus padres a amar los libros. Ahora es escritora y ha escrito más de treinta libros. Algunas de sus cosas favoritas son los cuentos folklóricos, la poesía y la música antigua.

Internet

Aprende más sobre Mirra Ginsburg en Education Place.

www.eduplace.com/kids

Dos osos glotones

Adaptación de un cuento folklórico húngaro
por Mirra Ginsburg
ilustraciones de Jose Aruego y Ariane Dewey

Estrategia clave

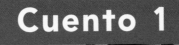 ¿Qué crees que harán los dos ositos glotones cuando encuentren un solo pedazo de queso? Lee el cuento para averiguarlo.

143

Dos ositos salieron a ver el mundo. Caminaron y
caminaron hasta llegar a un arroyo.

—Tengo una sed increíble —dijo uno.

—Yo tengo una sed más increíble —dijo el otro.

Bajaron sus cabezas al agua y bebieron.

—Tú tomaste más —gritó uno y bebió un poco más.

—Ahora tú tomaste más —gritó el otro y bebió un poco más.

Entonces tomaron y tomaron y sus estómagos
se pusieron más y más grandes. Una rana sacó
la cabeza del agua y soltó una carcajada.

146

—¡Mira esos ositos barrigones!
Si beben más agua, van a reventar.

Los ositos se sentaron en la hierba y vieron
sus estómagos.

—Me duele el estómago —se quejó uno.

—A mí me duele más —se quejó el otro.

Se quejaron y se quejaron hasta quedar dormidos.

En la mañana se levantaron sintiéndose
mejor y continuaron su viaje.

—Tengo hambre —dijo uno.

—Y yo tengo más hambre —dijo el otro.

De pronto vieron un queso redondo puesto a un lado del camino. Quisieron dividirlo, pero no sabían dividirlo en partes iguales. Los dos tenían miedo de que el otro tomara un pedazo más grande.

Los osos discutieron, gruñeron y empezaron a pelear, hasta que pasó una zorra.

—¿Por qué están discutiendo? —les preguntó la zorra astuta.

—No sabemos cómo dividir el queso para que los dos tengamos partes iguales.

—Es muy sencillo —dijo la zorra—. Yo los ayudaré.

153

La zorra tomó el queso y lo partió en dos pedazos, pero se aseguró de que uno de los pedazos fuera más grande que el otro.

—¡Ése es más grande! —gritaron los osos inquietos.

—No se preocupen, que yo lo arreglo.

Entonces la zorra le dio un enorme mordisco
al pedazo más grande.

—¡Ahora el otro pedazo es más grande!

—¡No sean impacientes! —dijo la zorra,
y le dio un mordisco al otro pedazo.
—¡Ahora el otro pedazo es más grande!

159

—Un momento —dijo la zorra con la boca llena de queso—. En un segundo serán del mismo tamaño.

Así que mordió una vez y después otra.

Y los ositos movían sus narices negras del trozo más grande al más pequeño, del más pequeño al más grande.

—¡Ahora éste es más grande!
—¡Ahora ése es más grande!

La zorra siguió dividiendo el queso hasta que le fue imposible comer más.

—¡Listo! —dijo—. Buen provecho, mis queridos amigos.

Y sacudiendo la cola se escurrió.

Lo único que quedaba del enorme queso
redondo eran dos trocitos pequeños.
Eso sí: ¡ambos trocitos eran del mismo tamaño!

Conozcamos a los ilustradores

Jose Aruego y Ariane Dewey

Jose Aruego y Ariane Dewey son un equipo. Han trabajado juntos en más de 65 libros. Jose Aruego dibuja las siluetas y Ariane Dewey las colorea.

Internet

Aprende más sobre Jose Aruego y Ariane Dewey en Education Place.

www.eduplace.com/kids

Reacción

En voz alta

Dos osos glotones
Adaptación de un cuento folklórico húngaro
por Mirra Ginsburg
ilustraciones de Jose Aruego y Ariane Dewey

Piensa en el cuento

1. ¿Qué aprendieron los dos osos sobre resolver problemas?

2. ¿Qué hubieran hecho los osos si la zorra no hubiera pasado por ahí?

3. ¿Qué harías si tú y un amigo encontraran una misma cosa que los dos quisieran?

4. ¿Qué consejo le darías a los ositos glotones?

Internet

Publica una reseña

Escribe una reseña de *Dos osos glotones.* Publica tu reseña en Education Place.

www.eduplace.com/kids

Lectura   **Hacer predicciones**

Divídelo

1. Trabaja con un compañero. Dibujen algo que se pueda compartir.

2. Decidan cómo dividir el dibujo en dos partes iguales.

3. Corten el dibujo en dos. ¿Son iguales los dos trozos?

 Explicar

Escribe oraciones

Escribe algunas oraciones para explicarle a un amigo por qué debería compartir algo contigo.

 Consejos

- **Escribe las oraciones como si las estuvieras diciendo en voz alta.**
- **Usa palabras fuertes que convenzan a tu amigo.**

Destreza: Cómo leer una tira cómica

- **Fíjate** en lo que sucede en los dibujos.

- **Fíjate** en quién está hablando antes de leer los globos de diálogo.

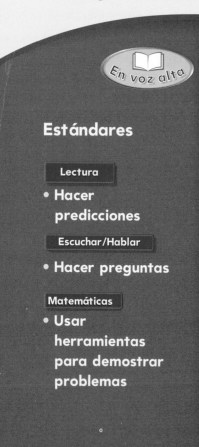

En voz alta

Estándares

Lectura

- **Hacer predicciones**

Escuchar/Hablar

- **Hacer preguntas**

Matemáticas

- **Usar herramientas para demostrar problemas**

Fracción en acción

por Loreen Leedy

Una mañana, la señorita Prime apagó las luces del salón.

Miren cómo se dibuja una fracción.

Comenzamos con una figura ENTERA.

Después, la dividimos en partes iguales.

Cada parte se llama UN MEDIO o UNA MITAD.

169

En voz alta

Instrucciones

La razón para escribir instrucciones es decirles a los demás cómo hacer algo. Usa el modelo de esta estudiante cuando escribas tus propias instrucciones.

Cómo tender la cama

¿Quieres que tu cama se vea desarreglada o no? Si quieres que tu cama se vea bien, ponle atención a mis instrucciones. Primero, necesitas los siguientes materiales:

1. Cama
2. Sábanas
3. Almohadas
4. Fundas
5. Cobija

> Es importante hacer una lista de los **materiales** que necesitará el lector.

Lectura — Identificar secuencia/orden lógico
Escritura — Seleccionar un enfoque

Ahora sigue las instrucciones en el siguiente orden. Primero, pon las sábanas en la cama (Consejo, extiéndelas primero.). Luego, pon la cobija en la cama. Después, pon la almohada en la cama y ahuécala. Por último, verifica que la cama no haya quedado desarreglada.

Sigue mis instrucciones y tu cama también se verá ordenada.

Presenta los pasos en un **orden** claro.

Usa **palabras que indiquen orden** para mostrar al lector qué debe hacer primero, después y por último.

Conozcamos a la autora

Sara C.
Grado: primero
Estado: Kentucky
Pasatiempos: leer, jugar al aire libre
Qué quiere ser cuando sea mayor: veterinaria

Desarrollar conceptos

En voz alta

Luces para
Nathan
por Shulamith Levey Oppenheim
ilustraciones de John Ward

Luces para Nathan

Estándares

Lectura

- Inflexiones/raíces de palabras
- Leer en voz alta/con fluidez
- Identificar secuencia/orden lógico

Escuchar/Hablar

- Recontar cuentos en secuencia

Un frasco de luciérnagas

En el siguiente cuento, vas a leer acerca de un niño que pasa mucho tiempo con sus abuelos. Juntos atrapan luciérnagas y las ponen en un frasco, igual que lo hacía el papá del niño cuando tenía seis años.

Palabras importantes

casi
verdad
encima
sobre

descalzos
revolotea
desaparecido
recorrido

Oraciones de práctica

1. Ya casi se hizo de noche.

2. Algunas estrellas de verdad aparecen encima de nuestras cabezas.

3. Pero el sol no ha desaparecido del todo.

4. Nuestros pies descalzos están sobre la hierba.

5. Hicimos este recorrido para atrapar luciérnagas.

6. Mira cómo revolotea esa luciérnaga.

7. Cuando me acerqué, el insecto ya había desaparecido.

Luces para Nathan

por Shulamith Levey Oppenhiem
ilustraciones de John Ward

Estrategia clave

En voz alta Después de leer, cuenta
de qué trataba el cuento.

—Cuando Papá vivía aquí, ¿era tan pequeño como yo? —pregunta Nathan.

Abuelita sonríe.

—Sí. Vino aquí cuando tenía seis años.

—Yo ya tengo seis años —dice Nathan.

—Ya lo sé —dice Abuelita besándolo en la mejilla.

—¿Qué es lo que más le gustaba a Papá cuando tenía seis años? —pregunta Nathan.

Abuelita piensa y piensa.

—Las luciérnagas —contesta al fin.

—Al anochecer, los tres, incluyendo a Abo, nos deslizábamos sobre la hierba justo cuando las luciérnagas empezaban a titilar. Tu papi atrapaba unas cuantas, tres, cuatro o cinco. Las suficientes para hacer una lámpara brillante. Sé exactamente dónde está ese frasco.

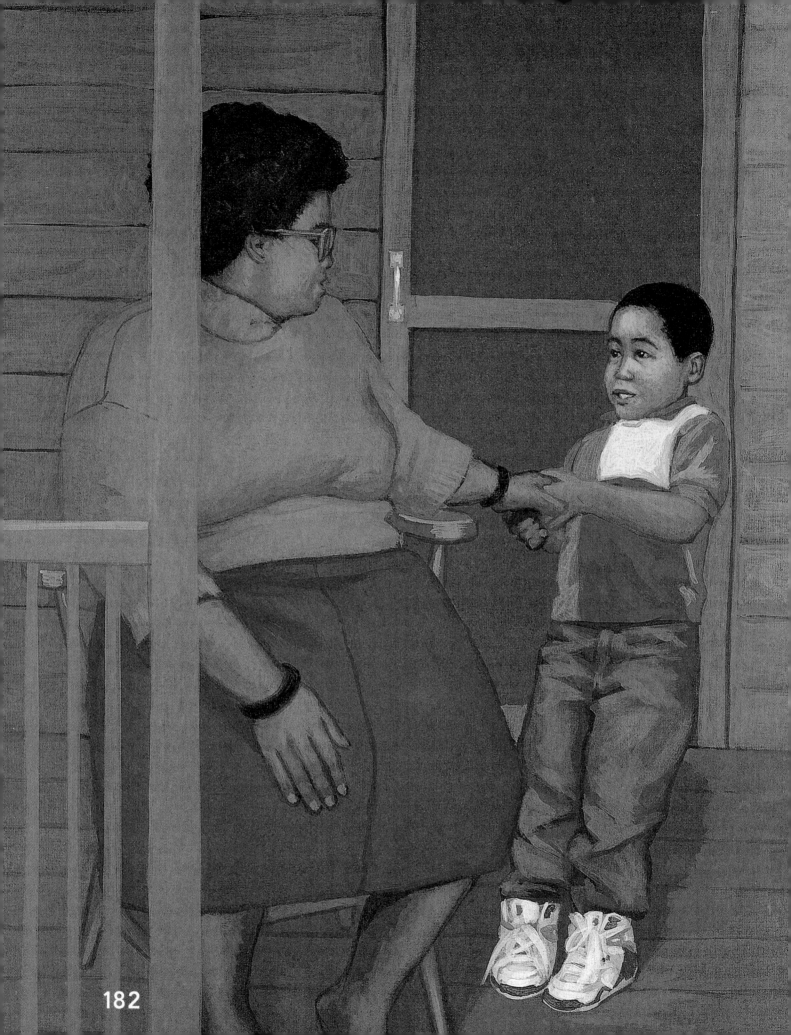

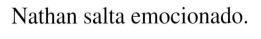

Nathan salta emocionado.

—Por favor, Abuelita, vamos adentro a buscar el frasco. Ya casi es de noche.

Nathan, Abuelita y Abo están sentados en la hierba. El cielo está veteado de rojo. Están esperando que llegue la noche. Están descalzos.

Una catarina comienza un recorrido sobre los dedos del pie de Nathan. Un jilguero se posa suavemente sobre un grupo de flores de zanahoria silvestre. Revolotea una mariposa monarca. Abajo, en la laguna, las ranas saludan a la noche.

Pasan los minutos. Nathan sacude la
pierna y la catarina se resbala de su pie.
Luego, tira de la manga de Abo.
—Todavía no —responde el abuelo.

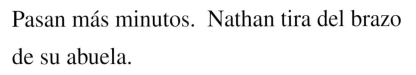

Pasan más minutos. Nathan tira del brazo
de su abuela.

—Está oscureciendo. ¿Dónde están las
luciérnagas, Abuelita?

—Pronto estarán aquí.

Abo y Abuelita dicen que sí con la cabeza.

Muy pronto aparece el brillo de una, dos, tres, cuatro luciérnagas. Como estrellas de verdad, las luces amarillas titilan por todos lados encima de la hierba.

Nathan, Abuelita y Abo, se deslizan sobre la hierba.

—Lentamente, muy lentamente —susurra Abo—.

Deja que Abuelita sostenga el frasco.

Nathan envuelve un brillo con sus manos.

—Atrapé a una, Abo. Abuelita, quiero ver
cómo se prende y se apaga.

—Con cuidado —avisa Abuela.

Demasiado tarde. La luciérnaga ha desaparecido.

—Igual que tu padre —susurra Abuelita.

193

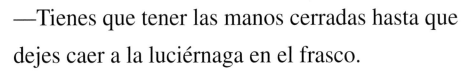

—Tienes que tener las manos cerradas hasta que dejes caer a la luciérnaga en el frasco.

—Lo haré —promete Nathan. Al poco tiempo, el frasco parece un faro en la noche.

195

El frasco de luciérnagas está al lado de su cama. Abuelita arropa a Nathan hasta la barbilla y Abo le da un beso en la mejilla.

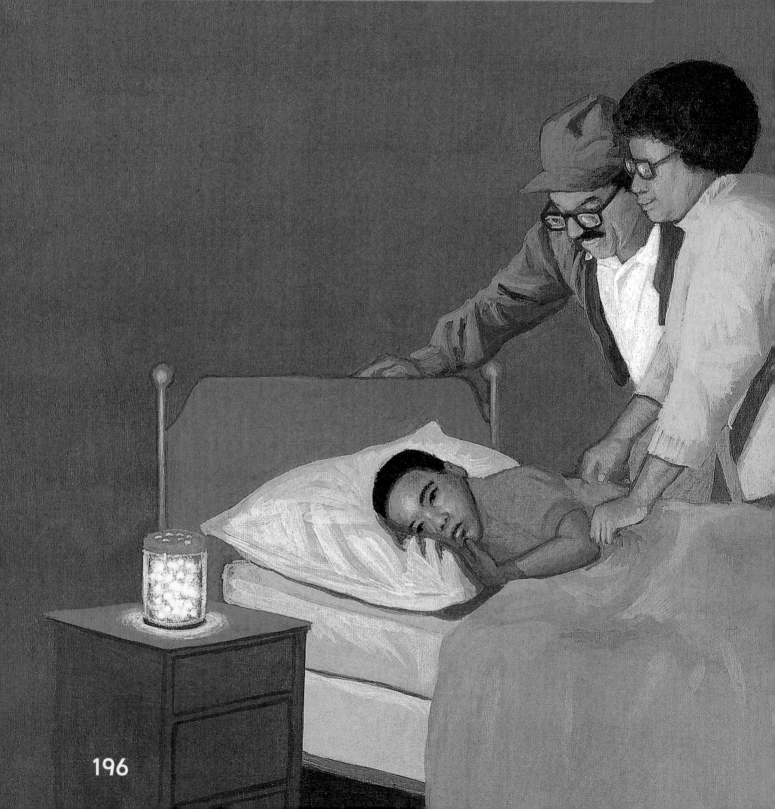

—¿Les gusta atrapar luciérnagas conmigo? —pregunta Nathan.

—Mucho.

—¿Igual que con mi papá?

—Igual.

—Cuando esté dormido, pueden soltar las luciérnagas.

Abo y Abuelita sonrieron.

—Eso es lo que siempre decía tu papá.

—Les contaré a Papá y Mamá como atrapamos
luciérnagas juntos.

Nathan bosteza y deja las luciérnagas a su lado en
la almohada, apretando su mejilla contra el vidrio
del frasco.

—Abuelita, me alegra que hayas conservado
el frasco.

—A nosotros también nos alegra —dicen
Abuelita y Abo mientras salen de puntillas—.
A nosotros también.

Conozcamos a la autora

Además de escribir libros, **Shulamith Levey Oppenheim** ha actuado en pequeñas obras de teatro. Escribe libros para niños y para adultos. Los ratos que pasa con sus cinco nietos les dan ideas para sus cuentos.

Conozcamos al ilustrador

John Ward es un artista que vive en Nueva York. Aprendió pintura en la escuela de arte. Sus ilustraciones de personas y familias han aparecido en muchos libros para niños.

Para saber más acerca de Shulamith Levey Oppenheim y John Ward, visita Education Place.

www.eduplace.com/kids

Reacción

Luces para
Nathan
por Shulamith Levey Oppenhiem
ilustraciones de John Ward

Piensa en el cuento

1. ¿En qué se parece Nathan a su papá?

2. ¿Por qué crees que los abuelos de Nathan guardaron el frasco de las luciérnagas?

3. ¿Qué crees que les contará Nathan a sus padres sobre la visita?

4. ¿Te gustaría visitar a los abuelos de Nathan? ¿Por qué?

Correo electrónico

Internet

¿Te gustó leer *Luces para Nathan*? Envíale un mensaje a un amigo para hablarle del cuento.

Lectura   Aplicar conocimientos previos
Escritura   Escribir descripciones breves

Dibujos luminosos

1
Dibuja una escena del cuento que muestre las luciérnagas.

2
Con un lápiz, abre agujeros en el papel a través de las luciérnagas.

3
Con una linterna, alumbra el dibujo por la parte de atrás para que brillen las luciérnagas.

Describe a un personaje

Escribe una descripción breve de un personaje. Incluye detalles que permitan a otras personas imaginarse cómo es Nathan.

Consejos

- Haz una lista de las palabras que señalan cómo es Nathan y cuál es su comportamiento.
- Incluye palabras de la lista en las oraciones de tu descripción.

Destreza: Cómo leer un poema

- **Lee** el título.

- **Lee** el poema en voz alta y fíjate en las palabras que riman.

- **Piensa** en lo que el poeta está comparando en el poema.

En voz alta

Estándares

Escuchar/Hablar
- **Recitar poemas**

Lectura
- **Recontar ideas centrales**

La luciérnaga

En el campo el corazón
y la luna son hermanos;
y las luciérnagas son
estrellitas en las manos.

por Alberto Blanco

El sombrero

Estándares

Lectura

- Inflexiones/raíces de palabras
- Leer en voz alta/con fluidez
- Usar contexto para comprender
- Recontar ideas centrales

Un regalo para Sepo

El próximo cuento trata de un regalo de cumpleaños con la talla equivocada. Descubre cómo Sapo hace que el regalo sirva.

Palabras importantes

agradable	despertó
aquella	llevar
cabeza	llevó
hecho	llevaré
regalo	pensar
	pensó

Oraciones de práctica

1. Sapo tenía que pensar en el regalo de Sepo.

2. —¿Qué debo llevar? —preguntó Sapo.

3. Pensó que lo mejor sería algo para cubrir la cabeza.

4. —Le llevaré un sombrero —se dijo.

5. Aquella agradable mañana se despertó muy temprano.

6. Después, compró un sombrero y se lo llevó a Sepo.

7. "Le he hecho un buen regalo", pensó Sapo satisfecho.

Conozcamos al autor e ilustrador
Arnold Lobel

Durante su niñez, Arnold Lobel leyó muchísimos libros e hizo muchos dibujos. Se convirtió en ilustrador y escritor. Ha creado más de 70 libros infantiles. Sapo y Sepo son sus personajes más famosos. Arnold Lobel sacó la idea al ver a sus hijos jugar con sapos en Vermont.

Internet

Para aprender más acerca de Arnold Lobel, visita Education Place.

www.eduplace.com/kids

Días con Sapo y Sepo

Arnold Lobel

ALFAGUARA

En voz alta   Al leer, verifica que entiendes todo lo que pasa en el cuento.

209

EL SOMBRERO

En el cumpleaños de Sepo,

Sapo le regaló un sombrero.

Sepo estaba encantado.

—Feliz cumpleaños —dijo Sapo.

Sepo se puso el sombrero.

Se le hundió hasta los ojos.

—Lo siento —dijo Sapo—.

Ese sombrero es demasiado grande para ti.

Te regalaré otra cosa.

—No—dijo Sepo—. Este
sombrero es el regalo
que me has hecho. Me gusta.
Lo llevaré puesto así.

Sapo y Sepo se fueron

a dar un paseo.

Sepo tropezó con una roca.

Chocó contra un árbol.

Se cayó en un hoyo.

—Sapo —dijo Sepo—.

No veo nada.

No voy a poder llevar

tu precioso regalo.

Es un triste

cumpleaños para mí.

Sapo y Sepo
se sintieron tristes
durante un rato.
Luego Sapo dijo:

—Sepo, ya sé lo que debes hacer.

Esta noche cuando te vayas a la cama

debes pensar

en unas ideas muy grandes.

Esas grandes ideas harán

crecer tu cabeza.

Por la mañana

te puede sentar bien

el nuevo sombrero.

—Qué buena idea —dijo Sepo.

Aquella noche cuando Sepo
se fue a la cama
pensó en las ideas más grandes
que pudo pensar.
Sepo pensó en
girasoles gigantescos.
Pensó en altos robles.
Pensó en enormes montañas
cubiertas de nieve.

Luego Sepo se durmió.

Sapo entró en casa de Sepo.

Entró silenciosamente.

Sapo encontró el sombrero
y se lo llevó a su casa.

Sapo echó agua al sombrero.

Puso el sombrero

a secar en un sitio caliente.

Empezó a encoger.

El sombrero se redujo cada vez más.

Sapo volvió a casa de Sepo.

Sepo estaba todavía

profundamente dormido.

Sapo volvió a colocar

el sombrero en la percha

donde lo había encontrado.

Cuando Sepo se despertó

por la mañana,

se puso el sombrero

en la cabeza.

Le venía exactamente a la medida.

Sepo corrió a

casa de Sapo.

—¡Sapo, Sapo! —gritó—.

Todas esas

grandes ideas

han hecho

mucho más grande

mi cabeza.

¡Ya puedo llevar tu regalo!

Sapo y Sepo

fueron a dar un paseo.

Sepo no tropezó

con una roca.

No chocó

contra un árbol.

No se cayó

en un hoyo.

Resultó

un día muy agradable

el siguiente

al cumpleaños de Sepo.

En voz alta

Piensa en el cuento

1. ¿Cómo sabes que Sapo y Sepo eran buenos amigos?

2. ¿Qué aprendieron Sapo y Sepo en este cuento?

3. ¿Qué harías tú con un sombrero que no te sirve?

4. ¿Eran Sapo y Sepo el mismo tipo de amigos que eran los dos ositos de *Dos osos glotones*?

Internet

Completa un crucigrama en Internet

Usa palabras de *El sombrero* para completar un crucigrama. Imprime el crucigrama de Education Place.

www.eduplace.com/kids

Lectura
Estudios sociales

Aplicar conocimientos previos
Juego justo/deportividad

Ciencias

¿Qué se encoge?

Trabaja con un grupo pequeño para hacer una lista de algunas cosas que se encogen. ¿Por qué piensas que se encogen?

Escuchar/Hablar

Da las gracias

Trabaja con un compañero. Túrnense para representar a Sapo y a Sepo. Mantengan una conversación en la que Sapo le agradece a Sepo su regalo de cumpleaños.

Evaluar

Escribe un informe

Escribe un informe del cuento y di qué te pareció.

Consejos

- **Incluye el título y el autor.**
- **Escribe oraciones completas.**

Destreza:
Cómo leer una tabla

- **Lee** los encabezados.

- **Lee** cada conjunto de datos.

- **Compara** la información.

- **Piensa** en las semejanzas y diferencias entre los datos.

En voz alta

¿Es una rana o un sapo?

¿Cómo puedes notar las diferencias entre una rana y un sapo?

Ranas	Sapos
• Piel lisa y suave	• Piel gruesa y llena de bultitos
• Bultitos largos a cada lado de su espalda	• Bultitos cortos en la parte superior de la cabeza
• Cuerpo delgado, piernas largas, nadadora veloz	• Cuerpo regordete, piernas cortas, movimientos más lentos
• Vive en el agua o muy cerca de ella	• Vive en la tierra, en los bosques
• Pone montones de huevecitos en el agua	• Pone hileras de huevecitos en el agua

Piensa en lo que sabes acerca de las ranas y los sapos. Mira las fotografías. ¿Sabes cuáles son sapos y cuáles son ranas?

Ranas: 1, 2, 5
Sapos: 3, 4

✓ Escribir una narración personal

En una prueba te pueden pedir que escribas sobre algo que te sucedió de verdad. Lee esta muestra de prueba.

> Escribe sobre alguna vez en que le hayas dado un regalo de cumpleaños a un amigo. ¿Qué sucedió?

Éste es el plan de una estudiante.

Consejos

- Lee la prueba cuidadosamente. Busca palabras claves que digan sobre qué tienes que escribir.

- Haz un plan antes de escribir.

- Lee el cuento una vez que termines de escribir. Corrige cualquier error que veas.

> ¿Sobre qué vez escribiré?
>
> La vez que le di un regalo a Zach
>
> Comienzo
>
> para quién era el regalo
>
> Detalles
>
> cuál era el aspecto del regalo

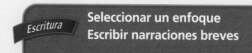

Escritura   Seleccionar un enfoque
Escribir narraciones breves

Ésta es la respuesta de la estudiante.

El comienzo dice de qué trata la narración.

El regalo de Zach

Yo le quería dar un regalo de cumpleaños a mi amigo Zach. Yo le quería dar un libro sobre insectos. Mi mamá y yo encontramos el mejor libro. Hablaba sobre los insectos y tenía grandes ojos de insectos que saltaban de cada página. A Zach le gustó su libro. ¡Eso me alegró mucho!

La escritora usa las palabras *mi* y *yo*.

Los detalles ayudan al lector a imaginarse lo que sucedió.

El final dice cómo se sintió la escritora.

A

amplios

Amplio significa ancho y grande. Los patios de recreo son lugares muy **amplios** para jugar.

aspiradora

Una **aspiradora** es un aparato que recoge el polvo. Usé la **aspiradora** para limpiar la alfombra.

B

brochas

Una **brocha** es un pincel muy grande para pintar las paredes. Usamos **brochas** de diferentes tamaños para pintar mi casa.

buen provecho

Buen provecho es lo que se dice cuando se comienza a comer. En mi casa todos decimos **buen provecho** antes de comer.

C

canoa

Una **canoa** es un bote largo y delgado. Papá usa remos para mover la **canoa**.

carcajada

Una **carcajada** es una risa muy fuerte. Se escuchó una **carcajada** cuando Teo contó el chiste.

cartas

Las **cartas** son objetos de papel grueso con números y dibujos que se usan para jugar. Mi amigo y yo jugamos con las **cartas**.

catarina

Una **catarina** es un insecto redondo, de color rojo o naranja con puntos negros. En el jardín vi a una **catarina** roja sobre una calabaza.

cedro

El **cedro** es un tipo de árbol. Nos sentamos en la sombra de un **cedro**.

ciudad

Una **ciudad** es un lugar donde vive
y trabaja mucha gente. Puedes subirte a un
autobús en la **ciudad**.

cometa

Una **cometa** es un objeto de papel o tela, que
tiene una cola y se vuela en el aire. Mis primos y
yo hacemos **cometas** de colores.

conservado

Conservar significa guardar en buen estado.
Mi mamá ha **conservado** las fotos de la familia.

construyó

Construir significa hacer algo. Mi vecino
construyó una casa grande.

cumpleaños

Tu **cumpleaños** es el día
en que naciste. Siempre
recibo regalos en
mi **cumpleaños**.

D

deslizábamos

Deslizarse significa moverse suavemente sobre algo. En invierno nos **deslizábamos** en la nieve.

discutieron

Discutir con alguien significa no estar de acuerdo con esa persona. Dos amigos **discutieron** en la escuela.

dividirlo

Dividir significa separar en partes. Cortamos el pastel para **dividirlo** entre todos.

E

encantado

Estar **encantado** significa estar feliz por algo. Mi papá estaba **encantado** por su regalo de cumpleaños.

escurrirse/se escurrió

Escurrirse significa escaparse. El ratoncito **se escurrió** por debajo de la puerta.

espantando

Espantar significa tratar de hacer que un animal se aleje. Estaba **espantando** a las abejas mientras comía cerca del lago.

esperaba

Esperar significa pensar que algo va a pasar. Ayer **esperaba** leer mucho en clase.

esponjosa

Esponjosa significa suave y acolchonada. Las tortas son muy **esponjosas**.

F

faro

Un **faro** es una luz que avisa a la gente si hay peligro. La luz del **faro** se ve desde muy lejos.

fútbol

El **fútbol** es un deporte que se juega pateando una pelota. En **fútbol,** tratas de hacer goles.

G

gavilán

Un **gavilán** es un pájaro grande, de patas amarillas y alas cortas, que come animales pequeños. El **gavilán** vuela sobre las montañas.

gigantescos

Gigantesco significa más grande de lo normal. Parecía que el árbol **gigantesco** tocaba el cielo.

H

hierba

La **hierba** es el pasto verde que cubre las montañas, parques y jardines. Mi mamá cortó la **hierba** de su jardín y sembró flores.

I

iguales
Igual significa la misma cantidad o tamaño. Mi papá cortó el sándwich en dos partes **iguales**.

imaginarnos
Imaginar significa ver una figura en tu mente. En invierno, nos gusta **imaginarnos** que es verano.

impermeables
Impermeable es algo que no se moja. Mis zapatos son **impermeables**.

importará
Importar es preocuparse por algo. No **importará** si llueve mañana.

J

Japón
Japón es un país del mundo. Mi amigo Makoto viene de **Japón**.

jarra

Una **jarra** es un vaso muy grande en el que se pone un líquido para servirlo. Tengo una **jarra** llena de leche.

jilguero

El **jilguero** es un pájaro pequeño de cara roja y alas amarillas que come semillas. El canto del **jilguero** es muy bonito.

L

luciérnagas

Una **luciérnaga** es un insecto de color negro que produce una luz. En la noche puedes ver muchas **luciérnagas** volando en el jardín.

M

molleja

La **molleja** es parte del cuerpo de un pájaro. La **molleja** ayuda al pájaro a comer.

monarca

Una **monarca** es un tipo de mariposa. La mariposa **monarca** tiene las alas de color negro y naranja.

mordisco

Un **mordisco** es un pedazo de algo que se saca mordiendo. Le di un **mordisco** a mi sándwich de jamón.

O

ordenar

Ordenar significa poner las cosas donde deben ir. Después de jugar, debo **ordenar** mi cuarto.

orilla

La **orilla** es el borde de afuera de algo. Nos gusta jugar en la **orilla** del mar.

P

palmeadas

palmeado significa con los dedos unidos. Los patitos tienen las patas **palmeadas** para nadar.

pasto

El **pasto** es la hierba verde que crece en las montañas, parques o jardines. A las vacas les gusta comer **pasto**.

peligro

Peligro es algo que te puede hacer daño. Durante un terremoto hay mucho **peligro**.

percha

Percha es un objeto donde se cuelga ropa o sombreros. En mi casa hay una **percha** para colgar los abrigos.

planas/planos

Plano significa liso y sin subidas ni bajadas. Las calles de mi ciudad son **planas**. Los caminos del pueblo son **planos**.

plumas

Una **pluma** es una parte de los pájaros. Muchos pájaros tienen **plumas**.

porche

Un **porche** es un espacio con techo al frente o detrás de una casa. En el **porche** de mi casa hay una mesa y cuatro sillas.

precioso

Precioso significa que suena o se ve muy bien. Mira ese perrito tan **precioso**.

promete

Prometer es decir que harás algo. José **promete** portarse bien en el cine.

puntiagudos

Puntiagudo significa con la punta afilada. Los cuchillos son muy **puntiagudos**.

R

reventar

Reventar significa explotar o romper. Los globos de la fiesta están tan llenos que van a **reventar**.

S

séptimo

Séptimo significa el que es número siete. Juan era el **séptimo** en la fila.

siento

Dices lo **siento** cuando te quieres disculpar. **Siento** haber llegado tarde al juego.

supermercado

Supermercado es una tienda grande en donde se compra comida. Mañana vamos al supermercado a comprar comida para mi fiesta.

T

titilar

Titilar significa brillar como si se prendiera y apagara rápido. Me gusta ver las estrellas **titilar**. Yo espero a que las luciérnagas **titilen** en la oscuridad.

tocino

Tocino es un tipo de carne. Me gusta comer huevos con **tocino** durante el desayuno.

tropezó

Tropezar es golpearse en los pies con algo al caminar. Luisa se **tropezó** con la mesa y se cayó.

V

veteado

Veteado es algo que tiene rayas o partes de diferente color. El escritorio de madera de mi maestra es **veteado**.

Acknowledgments

For each of the selections listed below, grateful acknowledgment is made for permission to excerpt and/or reprint original or copyrighted material, as follows:

"Agua para la hermana Gallina," originally published as "Sister Hen's Cool Drink," retold by Angela Shelf Medearis from *A Bag of Tricks: Folk Tales from Around the World*, published by Scholastic Phonics Chapter Books. Copyright © 1998 by Angela Shelf Medearis. Scholastic Phonics Chapter Books is a trademark of Scholastic, Inc. Translated and reprinted by permission of the publisher.

Cuando sea mayor como tú, originally published as *When I Am Old with You*, by Angela Johnson, illustrated by David Soman. Text copyright © 1990 by Angela Johnson. Illustrations copyright © 1990 by David Soman. Translated and reprinted by permission of Orchard Books, an imprint of Scholastic Inc.

Dos osos glotones, originally published as *Two Greedy Bears*, by Mirra Ginsburg, illustrated by Jose Aruego and Adriane Dewey. Text copyright © 1976 by Mirra Ginsburg. Illustrations copyright © 1976 by Jose Aruego and Adriane Dewey. Translated and reprinted with permission of Simon & Schuster Books for Young Readers, an imprint of Simon & Schuster Children's Publishing Division.

El nuevo amigo, by María Puncel. Copyright © 1995 by Laredo Publishing Company, Inc. Translated and reprinted by permission of Laredo Publishing Company.

"Fracción en acción," a selection from the book originally published as *Fraction Action*, by Loreen Leedy. Copyright © 1994 by Loreen Leedy. All rights reserved. Translated and reprinted by permission of Holiday House, Inc.

La familia sorpresa, originally published as *The Surprise Family*, by Lynn Reiser. Copyright © 1994 by Lynn Reiser. Translated and reprinted by permission of HarperCollins Publishers.

"La luciérnaga," from *También los insectos son perfectos*, by Alberto Blanco. Copyright © 1993 by CIDCLI, S.C. Reprinted by permission of CIDCLI, S.C.

"La rueda," from *Poesías para la infancia*, by Alicia María Uzcanga Lavalle. Text copyright © 1999 by Alicia María Uzcanga Lavalle. Reprinted by permission of Edamex, S.A. de C.V.

Luces para Nathan, originally published as *Fireflies for Nathan*, by Shulamith Levey Oppenheim, illustrated by John Ward. Text copyright © 1994 by Shulamith Levey Oppenheim. Illustrations copyright © 1994 by John Ward. Translated and reprinted by permission of HarperCollins Publishers.

"Mira cómo crecen," a selection from the book originally published as *Watch Them Grow*, by Linda Martin. Copyright © 1994 by Dorling Kindersley Limited, London. Text copyright © 1994 by Linda Martin. Translated and reprinted with permission from Dorling Kindersley Publishing, Inc.

"¿Qué tiene Topo en su saco?," originally published as *"What is in Mole's Sack?,"* from *Meet Tricky Coyote!*, by Gretchen Will Mayo. Copyright © 1993 by Gretchen Will Mayo. Translated and reprinted by permission of Walker Publishing.

Selection from *"¡Sí se puede!,"* from *Diez Deditos/Ten Little Fingers & Other Play Rhymes and Action Songs from Latin America*, by José-Luis Orozco. Copyright © 1997 by José-Luis Orozco. Used by permission of Dutton Children's Books, an imprint of Penguin Putnam Books for Young Readers, a division of Penguin Putnam Inc.

"El sombrero," originally published as *"The Hat,"* from *Days with Frog and Toad*, by Arnold Lobel. Copyright © 1979 by Arnold Lobel. Reprinted by permission of HarperCollins Publishers. Translation copyright © Pablo Lizcano. Translation reprinted by permission of Santillana Publishing Co., Inc.

Models: Cheryl Claxton, Florida; Patricia Kopay, Delaware; Susana Llanes, Michigan; Joan Rubens, Delaware; Nancy Schulten, Kentucky; Linda Wallis, California

Special thanks to the following teachers whose students' compositions appear as Student Writing Models: Cheryl Claxton, Florida; Patricia Kopay, Delaware; Susana Llanes, Michigan; Joan Rubens, Delaware; Nancy Schulten, Kentucky; Linda Wallis, California

Photography

3 (t) 3 (t) The Stock Market Royalty Free. **10** © 2002 PhotoDisc, Inc.. **12** (bkgd) Corbis Royalty Free. (icon) Corbis Stock Market Royalty Free. **12**-13 Lori Adamski Peek/Getty Images **14** Image Farm. **15** (frames) Image Farm. (l) © 2002 PhotoDisc, Inc.. (m) José Luis Pelaez/Corbis Stock Market. (r) EyeWire. **44** (b) © 2002 PhotoDisc, Inc.. **45** (l) StockByte. (b) © 2002 PhotoDisc, Inc.. **46** (tl) Comstock KLIPS. (m) © 2002 PhotoDisc, Inc.. (b) Artville. **47** (tl) (tr) © 2002 PhotoDisc, Inc.. (bl) Artville. (br) Comstock KLIPS. **49** (t) © 2002 PhotoDisc, Inc.. **52** (m) Mike Tamborrino/Mercury Pictures. (b) Comstock KLIPS. **72** Comstock KLIPS. **76** (l) Image Farm/PictureQuest. **77** Robert P. Comport/Animals Animals. **78** (bkgd) Image Farm/PictureQuest. **109** Courtesy William Morrow. **138** (bkgd) Daizukan/Photonica. **141** Corbis Royalty Free. **142** Courtesy Mirra Ginsberg. **165** Tom Ianuzzi/Mercury Pictures. **172** Corbis Royalty Free. **200** Courtesy Shulamith Levy Oppenheim. **201** Tom Sciacca. **207** (t) (bl) StockByte. (mt) (mb) (br) © 2002 PhotoDisc, Inc.. **208** (t) Van Williams. (b) image Copyright © 2000 PhotoDisc, Inc.. **222** (l) Randy Ury/Corbis Stock Market. (r) CORBIS/Susan Middleton & David Liittschwager. **223** (tr) Telegraph Colour Library /Getty Images. (br) Stephen Dalton/Animals/Animals. (bl) CORBIS/Lynda Richardson. (ml) CORBIS/Michael & Patricia Fogden. (m) CORBIS/Joe McDonald. **226** Corbis Royalty Free. **227** Comstock KLIPS. **228** © 2002 PhotoDisc, Inc.. 231 Lori Adamski Peek/Getty Images. **232** © 2002 PhotoDisc, Inc.. **234** © 2002 PhotoDisc, Inc.. **235** © 2002 PhotoDisc, Inc..

Assignment Photography

44 (t) Allen Landau. **45** (r), **46** (tr), **51, 73** (t), **117, 225** Tony Scarpetta. **138–9, 143** (bkgd), **175, 203, 221** Joel Benjamin.

Illustration

50-71 Ed Martinez. **74-75** David Díaz. **118-119** Normand Cousineau. **120-127** Bob Barner. **128-135** Gerardo Suzán. **136** David Wenzel, Normand Cousineau, Darcia Labrosse. **204-205** Laura Huliska-Beith.